LUCHTIS STREICHE

Original Absurdistan Blend
18 Stücke reinsten Blödsinns

AF139083

LUCHTIS STREICHE

Original Absurdistan Blend
18 Stücke reinsten Blödsinns

Bibliografische Information
der Deutschen Nationalbibliothek:

Die Deutsche Nationalbibliothek verzeichnet diese
Publikation in der Deutschen Nationalbibliografie;
detaillierte bibliografische Daten sind im Internet über
www.dnb.de abrufbar.

ISBN 9783735780898

Herstellung und Verlag: BoD – Books on Demand,
Norderstedt

"Prognosen sind schwierig,
besonders, wenn sie die Zukunft betreffen."
(mal von Karl Valentin, Mark Twain, mal Winston Churchill, und mal
Kurt Tucholsky oder ...)

Deshalb ein Vorwort,
weil erforderlich!

Denn, wie heisst es ebenso schön wie richtig: Hinterher ist man immer schlauer – wie wär's aber mal mit vorher?

In diesem Sinne will der Autor eindringlich davor warnen, sich völlig unbedarft und naiv zugleich der folgenden Lektüre hinzugeben. Es könnte immerhin sein, dass sich der geneigte Leser anschließend völlig halt- und hemmungslos dem Suff ergibt oder umgehend die Selbsteinweisung in die nächstgelegene Klapsmühle vornimmt. Davor sei also an dieser Stelle von vornherein gewarnt.

Weder Verlag noch Autor übernehmen für etwaige Folgeschäden aus der Lektüre Verantwortung oder leisten gar Schadensersatz für den Verlust vom Glauben an die Vernunft.

Sie sind also gewarnt – viel Vergnügen!

Inhalt

Das erste Stück:

Rotierer Damen besuchen dänisches Deppenlager

Stets auf der Suche nach dem Sensationellen, dem Ungeheuerlichen, Weltbewegendem und Banalem zugleich, machten sich die Damen des Rotierer Clubs, Section Gierieg, an einem schönen Spätsommersamstagmorgen auf den abenteuerlichsten Weg, um eines der sagenumwobenen dänischen Deppenlager zu besichtigen und zugleich ebenso abenteuerheischig zu durchdringen.

Arnolda v. Klappenburg: Wo bleibt ihr denn, ihr tapferen Schurchwächter?

Mit höchster Begeisterung wurden sie von der dort wallensteinslagermäßig lagernden Lagerleitung und den bettenlägerigen Insassen auf's herzlichste begrüßt und alsbald vermischte sich die illustre Gesellschaft und tummelte sich munter auf diversen Matratzen und unter den zahlreich bereitstehenden Bettdecken, welche offensichtlich eigens für diesen Besuch bereit gestellt waren. Und auch der Apotheker und geheime Pharmazierat Erik präsentierte voller Stolz seine weltberühmten Apothekerschränke, welche offensichtlich von allerfeinster Sonderpreisqualität und seit Generationen im besagten Deppenlager präsent waren.

Jungschurchwächter Lars van der Decken probt die Bettenschlacht mit der Vizepräsidentin der Gierieger Section der Rotiererdamen Paula v. Plattwitz

Leider traf, entgegen aller ernsthaftester Verabredung, die ständige Schurchwache aus Baddensen erst ein, als die fröhliche Betten-schlacht der Rotiererdamen nach zahlreichen Höhepunkten bereits zum Erliegen gekom-men war, so dass die Schurchwächter ihre Spieße leider alleine in die Federn stechen mussten, was besonders den Oberschurch-

Na, diese Schurchwächter - immer kommen sie zu spät!

wächter zutiefst enttäuschte und zu der historischen Bemerkung veranlasste: " Die ständige Schurchwache sticht nie allein in fre-mden Betten - nein!"

Also wenn das keine Bettenschlacht war, dann heisse ich ab sofort Bettina!

Erschöpft und begeistert zu-gleich traten dann die durchaus überwältigten Rotierer Damen schließlich den beschwerlichen Heimweg an.

"Dies war wieder mal ein wunderbares und zugleich bildendes Erlebnis, welches sich würdevoll in die Clubgeschichte der Gierieger Sec-tion der Rotierer Damen einreihen wird!", resümierte schließlich die Präsidentin Arnol-da Gräfin von Klappenburga (geb. v. Grafi-kus).

Und welcher Schurchwächter will sich freiwillig bei mir eindecken? Fragt Rotiererdame Dr. van der Velde

Das zweite Stück:

Köstliches Seniorenbunt Immelmann wieder auf Tour!

Eine der zahlreichsten Erlebnisfahrten des köstlichen Seniorenbunts Immelmann führte in diesem Sommer zum wiederholten Male in den Brauereitiefstkeller der Herbertshäuseraner Traditionsbrauerei in Fuchshasenheimershausen (siehe Gruppenbild vor dem Eingang in den Tiefstbraukeller).

Das köstliche Seniorenbunt Immelmann kann es garnicht erwarten, den herrlichen Tiefstbraukeller zu erreichen - na das wird eine Gaudi! (Foto: © M.Jenkins - Fotolia.com)

Erschöpft von der langstreckigen und kurzweiligen Anreise zugleich wurden alle äußerst gebrechlichen Teilnehmer auf das herzlichste begrüßt von den tünnhäutigen Tünneranern, welche auf Ihrer traditionellen Sommer-boßeltour auch zufällig dort erholsamste Station machten. Zu Aller Überraschung trafen sie dort ebenfalls älteste Bekannte, wie z.B. die Baddenser Stedliche Schurchwachterei, den Oberstforstrat Forsthüdder Gudbester und die ständig wurstessenden Schützen aus Baddensen und Kohldingen.

Ja, da haben wir uns gefunden! Tolle Sache das, mit dem Bierfrühstück im Tiefstbraukeller! Aber dass wir am nächsten Morgen schon so gealtert sind! Wer hätte das gedacht? (Foto: © PictureArt - Fotolia.com)

Gemeinsam verbrachte man fröhlichste Stunden mit Wein (Bier), Weib und Gesang und lag sich alsbald hemmungslos in den jeweiligen Armen. Der Vorsitzende des köstlichen Senioren-bunts Immelmann resümierte schließlich mit den Worten: "Wir kommen wieder!", was durchaus auch als handfeste Drohung aufzufassen möglich wäre ...

Das dritte Stück:

Weltsensation!
Einzigartig: prähistorisches germanisches Vierseiten-Hügelgrab entdeckt!

Nur durch Zufall, sozusagen im Vorüberfahren, entdeckte der weltweit bekannte und respektierte Altertumsforscher und Archäologe Prof. Dr. Henry J. Wilhelmy, Dekan der archäologischen

Fakultät der international renommierten Universität von Sirius, Alabahama USA, auf einer Urlaubsfahrt in Norddeutschland, etwas abseits der viel befahrenen Hauptstraßen kurz vor der zwischen Peine und Paris

Für den geübten Archäologen bereits von weitem zu erkennen: das muss eine Vierseiten-Hügelgrabanlage sein!

liegenden Kleinstadt Baddensen sur Laine, die, zumindest seiner wissenschaftlichen Einschätzung nach, bedeutendste und noch fast vollständig erhaltene Vierseiten-Hügelgrabanlage aus der prähistorischen, nahezu unerforschten Zeit der Pattogermanensen, welche nach bisherigen Wissenschaftsergebnissen weit verstreut in

Der Grabeinstieg. Geheimnisumwittert und zugleich fast vollständig von der wuchernden Vegetation überlagert. Der Kenner jedoch sieht sofort, um welche sensationelle, prähistorische Anlage es sich handelt!

12

einzelnen losen, siedlungsähnlichen Gemeinschaften im heutigen mittelniedersächsischen Tiefland ihr ursprüngliches Hauptverbreitungsgebiet hatten.

Erschwerend für die systematische Erforschung dieser relativ kurzen Phase der frühgermanischen Entwicklungsgeschichte stellte sich die für die damalige Zeit sehr stark ausgeprägten Wandereigenschaft der Pattogermanensen dar, deren Spuren dann sowohl im heutigen, weit östlich gelegenen Peine ad Fusu gelegentlich aufzufinden waren, wie auch in der heutigen Ile de France (jetzt auch Paris), also ganz entgegengesetzt im Westen.

Charakteristisch und eben auch archäologischer Beweis für die zeitweilige Ansiedlung der Pattogermanensen sind im Wesentlichen die einzigartigen Vierseiten-Hügelgräber mit ihren eindeutigen Ausprägungen, die dem erfahrenen Archäologen bereits bei oberflächlicher Betrachtung ins Auge springen.

Das nunmehr entdeckte Exemplar eines fast vollständig erhaltenen Vierseiten-Hügelgrabes bestätigt die bisherigen Forschungsergebnisse und lässt zugleich erwarten, dass wesentliche Teile der germanischen Frühgeschichte wenn nicht neu geschrieben, so doch zumindest revidiert werden müssen.

Prof. Dr. Henry J. Wilhelmy beschreibt exmplarisch an der in ihren Strukturen fast vollständig erhaltenen Grabanlage im nördlichen Baddensen die klassische Grundform des Vierseiten-Hügelgrabes: Die Basis der Gesamtanlage ist nahezu kreisrund und hat zum Mittelpunkt hin eine geringfügig ansteigende Aufwölbung von ca. 100 cm. Annähernd an die heute bekannten Himmelsrichtungen Nord, Ost, Süd und West ist eine vierseitige Ausrichtung der ehemaligen, nunmehr natürlich nicht mehr sichtbaren, Eingänge in die unterirdischen Grabhöhlen der Anlage zu erkennen, lediglich der obere, bogenförmig gestaltete Kopf des jeweiligen Einganges ragt aus dem grasbewachsenen Hügel, allerdings prägnant, hervor. Äußerliche Hinweise zu diesen Eingängen bieten weiterhin jeweils drei Steinstelen unterschiedlicher Höhe von maximal 80 cm, die aus dem selben wie den soeben beschriebenen Eingangsbögen nicht ortsbekanntem Gestein - man vermutet sibirischen Granit - bestehend und für die damalige Entwicklungsstufe der Steinbearbeitung außergewöhnlich schlicht, streng und gradlinig bearbeitet sind und jeweils zentral über den Eingängen herausragen.

Die Bedeutung der Dreiteilung in Form der Stelen ist unter den seriösen Frühzeitarchäologen nicht ganz geklärt und sogar vielfach umstritten: Abgesehen von einigen wirklich sehr exotischen Deutungsversuchen wird teils vermutet, dass sie darauf hindeutet, dass es sich um ein Fürsten-Familiengrab handelt, welches drei Generatioen beherbergt; andererseits gibt es auch die bislang nicht widerlegte These, dass bereits in dieser frühen Phase vorgeschichtlich germanischer Entwicklung der Glaube einer trinitätischen Gottesvorstellung, ähnlich der späteren christlichen Theologie, vorherrschte. Die von der Fachwelt ungeduldig erwartete weitere ärchäologische Untersuchung wird nähere Aufschlüsse hierzu liefern.

Im Mittelpunkt der Anlage stand eine Blutbuche, deren scheinbar unverwüstlichen Austriebe – wie z.B. analog der 1000-jährigen Hildesheimer Rose – bislang der Zeit widerstanden haben, die nun allerdings sehr eindeutige auch mythologisch erklärbare Hinweise

14

Drei Stelen über jedem Grabeingang. Was mag das bedeuten? Die Forschung ist sich noch nicht schlüssig. Wir warten gespannt auf neue Erkenntnisse.

darauf liefert, dass es sich bei den bestatteten Pattogermanensen um Herzöge eines Kriegergeschlechtes handeln muss, wie sich im übrigen bereits bei anderen, weniger gut erhaltenen, Vierseiten-Hügelgrabanlagen belegen ließ. Die gesamte Grabanlage wird nach außen hin durch einen breiten Rundweg umschlossen, der vermutlich ursprünglich der rituellen Umwanderung des Hügelgrabes diente. Der Vierseiten-Hügelgrabanlage näherte man sich offensichtlich bereits zur rituellen Ehrbezeugung der kurz zuvor bestatteten Krieger aus den jeweiligen Haupthimmelsrichtungen Nord, Ost, Süd und West. Noch heute sind die prähistorischen Zugangswege in Spuren zu erkennen.

Die Blutbuche im Mittelpunkt der Grabanlage. Hier wird erstmals eindeutig deutlich, dass es sich bei den beigesetzten Pattogermanensen um ein Kriegergeschlecht (der heutige Baddenserander schpricht von dem Griegergeschlescht) handeln muss.

Prof. Dr. Henry M. Wilhelmy schreibt es dem sensiblen Umgang der städtischen Verantwortlichen der Stadt Baddensen sur Laine zu, dass dieses zukünftige Juwel prähistorischer Germanentumsforschung in seinem bis heute vorzüglich erhaltenen Zustand nicht den schnöden Erfordenissen modernener Raumordnung zum Opfer gefallen ist. Bereits demnächst ist unter Federführung von Prof. Dr. Henry M. Wilhelmy eine erste archäologische Basisuntersuchung geplant, über die an dieser Stelle dann ebenfalls ausführlich berichtet werden wird. Wir dürfen gespannt sein ...

Das vierte Stück:

Heidschnucken werden beschnuckelt

Die berühmten Sommerboßelheidewintertouren der Jungbaddenser Jungfrauensängergilde führten in diesem Jahr zum wiederholten Male in die südöstliche Nordwestheide, wo sich bekanntermaßen Fuchs und Häsin des Öfteren begegnen und zugleich nicht nur herzlichst gute Nacht wünschen.

Hoppla, da kommen sie schon angestürmt, die süßen Heideschnuckeln, wild verfolgt von den wurstessenden Schützen und glasklar fotografiert vom Starreporter Nick Klickerradamms mit seiner digitalsten Schnellschusskamera Klick-o-mat mit Motivklingel ...

In diesem Jahr trafen die Sangesdamen vollständig überraschend auf eine kleine Herde schuckeliger Heidschnuckeln, welche gerade auf der Flucht vor den wurstessenden Schützen aus dem Calenbergischen das Weitere suchten.

Die zufällig ebenfalls anwesenden Starreporter der Leimensnachrichten konnten vermittels ihrer schnellstschüssigen Kameras den historischen Moment in charakteristischer Schärfe mehr als festhalten (s. Fotostrecke).

Jungfrauensängergildevorsitzende Irmgardis Nachtigallis konnte dank ihres schnellen Colloraturspurtes tatsächlich eine der äußerst schüchternen Schnuckeln erhaschen und es gehörig durchschnukkeln. Das Schnuckelchen schüttelte sich anschließend ein wenig und zog erkennbar beeindruckt seines Weges - vermutlich um den anderen Schnuckeln mit bewegtem "Määää ... " davon zu berichten.

Die begleitenden Oberreporter der Leimensnachrichten wussten zu vermelden, dass zahlreiche Schnuckelchen mit teils erbostem "möaaa..."
und "määöö..." auf
das schnöde Ansinnen
der Jungfrauensänger-
gilde reagierten, doch
zum Höhepunkt dieses
schönen Erlebnisses
dem versammelten
Auditorium einen spon- ... und da waren sie dann schon fast wieder weg! „Leider
tanen a-capella-Vortrag musste ich erst den Film wechseln", bedauerte der Starreporter der Leimensnachrichten, „aber im Hintergrund sieht
zu präsentieren. Ober- man wenigstens die Gipfel des Wilseder Bergmassivs".
schnuckelchen Heidemarie beschied dem ehrrührigen Antrag ein trockenes " Nöö ..."

Trotz dieses eher ernüchternden Schlusses fuhren die Jung-frauensängergildesängerinnen beschwingt und heiter in späterer Nacht weiter (Tja, wohin, das kann ich euch nicht sahahagen...).

Die auch zu dem Zeitpunkt noch anwesenden Oberreporter der Leimensnachrichten wussten später aus sicherster Insiderquelle zu berichten, dass eine turbulente Nacht das Schnuckelerlebnis mehr als krönte!

Das fünfte Stück:

Renomierter Puplitzer-Journalistenpreis geht an Leimensnachrichten

Wie aus dem Pressebulletin der "1. deutschen Schuhrnalisten-vereinigung Deutscheland e.V." zu entnehmen ist, hat die völlig von Drogen, wie z.B. dem franz. Rotwein der Marke Schattonöff dü Pappe, unabhängige Jury – bestehend aus 12 internationall bekloppten SchuhrnalistenInnen – einstimmig und mit großer Überlegenheit die Redaktion der Leimensnachrichten aus Baddensen, Hemmingstens und Umgebung zum diesjährigen Sieger im Internationalsten Wettbewerb um die "Krakelige Feder, 2013" erklärt.

Redackschohnsvolllllontärin Dimm Trabsporcht hält den begehrten und zugleich äußerst geschmackvollen Pokal als sichtbares Zeichen des unter großen Mühen erlangten Puplitzer-Preises stolz in Ihren Händen: „Dieser weltberühmte Preis ist mir Ehre und Ansporn zugleich – jetzt heirate ich doch den Chefferedacktör!"
(Foto: ® fotolia)

Beispielgebend für die großartigen schuhrnalistischeren Leistungen seien Überschriften (in Fachkreisen auch Headlines genannt), wie zum Bleistift: "Schützen essen Wurst", "Heidschnucken werden beobachtet" oder "Mist wird geschrieben", welche offensichtlich unter schwierigsten Umständen,

18

quasi Undercover-investigativ, entstanden seien und doch Eingang in die zahllosen Seiten der Leimensnachrichten gefunden hätten. Preiswürdigste Steigerungen seien auch dort erkennbar, wo unter nur noch schwierigerensten schuhrnalistischsten Bedingungen, z.B. in der auch hier besonders kreaktiven Sporchtberichtbestattung, äußerst kulturell Wertvolles geleistet werde. Als Beispiel mögen die folgenden Überschriften (in Fachkreisen auch Headlines genannt) gelten: "KVS dreht den Spieß um", "W. Ritter glückt ein bitterer Raubzug", "Schliebe vergibt freistehend" (Herr, vergib Ihnen), und als wirklich Allerletztes "Nettelrose dreht einen Rückstand".

Nach Ansicht der Jury gilt auch der honorigen Verlagsleitung besondere Anerkennung, welche es offensichtlich nicht nur geschehen lässt, sondern auch besonders fördert, dass solche außergewöhnlichen schuhrnalistischen Glanzwurschtleistungen den wirtschaftlichen Interessen voran, nebenan oder hintan gestellt werden. Ein wahrhaft exemplarisches Musterbeispiel verlegererischer Unterstützung schuhrnalistischen Schuhrnalismusses.

Die auf diese ehrenvollste Weise höchlichst ausgezeichnete Redakschon hat bereits angekündigt, auf diesem dornigen Wege weiter voranstolpern zu wollen – koste es, was es wolle! Der geneigte Leser darf gespannt sein ...

Das sechste Stück:

Köstliches Seniorenbunt Immelmann eröffnet Reisebüro

Laaatzen an der Lattze / von Fridolin Hasenfratz. Wie aus sicherer Quelle zu erfahren ist, bereitet sich der köstliche Seniorenbunt Immelmann angestrengt darauf vor, binnen kurzem (man ist ja nicht mehr der Jüngste) ein internationales Reisebüro zu eröffnen, welches die vielfälltigsten Reise- und Unterhaltungsangebote im Katalog führen wird. Heiderundfahrten zur Beschnuckelung von dort angeblich ansässigen Heidschnuckeln sollen ebenso im umfangreichsten Angebot stehen wie z.B. Paddeltouren mit Krokodilbegleitung auf dem Rio Grande/Brasilien ...

Leimensnachten-Starreporter Fridolin Hasenfratz ("Wir kriegen alles raus") hat nach umfangreichen Recherchen alles rausgefunden: O-Ton des 1. Vorsitzenden des köstlichen Seniorenbunts Immelmann "Wir eröffnen ein Reisebüro!" Wer hätte das gedacht? Und weiter und tiefer ging die atemberaubend spannende Recherche: "Wir werden vielfälltigste Reise- und Unterhaltungsangebote in unserem Katalog führen!" Man wundert sich. Wie konnte es Starreporter Fridolin H. (wir wahren ab hier und sofort und absolut zugleich seine Inkognito-Identität) nur gelingen, diese atemberaubenden Neuigkeiten, quasi Undercover, ans Tageslicht zu zerren und somit der geneigten und wahrscheinlich völlig geschockten Öffentlichkeit zugänglich zu machen?

Vermutlich, so konstatiert ein äußerst erfahrenerer Undercover-Investigativ-Reporter des befreundeten baddenseranerer HAR-ALD, habe Fridolin F. (wir wahren ab sofort und absolut seine Inkognito-Identität) eine nicht ungefährliche Taktik angewand, um an diese wirklich äußerst geheimen und zugleich für die Öffen-

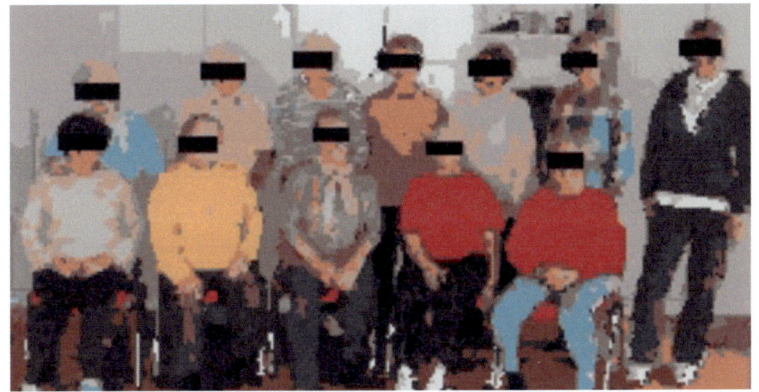

Der Gründungsausschuss des Internationalen Reisebüros des Köstlichen Seniorenbunts Immelmann bei seiner konstituierenden Sitzung. Klammheimlich aufgenommen von Starreporter Fridolin H. (wir wahren ab sofort und absolut seine Inkognito-Identität)

tlichkeit besonders spannenden Informationen zu gelangen. Zu vermuten sei demnach, dass Fridolin H. (wir wahren ab sofort und absolut seine Inkognito-Identität) sich unter Hintanstellung aller persönlichen Gefahren und schwersten persönlichen Einsatzes der 2. Vorsitzenden des köstlichen Seniorenbunts Immelmann angedient hat und unter falschen Versprechungen gewisser privater Dienstleistungen diese äußerst prekären und geheimen Informationen zugleich erlangt hat.

Fotos, welche der stark interessierten Öffentlichkeit leider aus erpresserechtlichen Gründen (noch) nicht zugänglich gemacht werden können/dürfen, belegen den waghalsigen und zugleich estimierenden Einsatz, den Fridolin H. (wir wahren ab sofort und absolut seine Inkognito-Identität) hier im Interesse der Aufklärung einer breiten und zugleich äußerst interessierten Öffentlichkeit geleistet hat.

Starreporter Fridolin H. (wir wahren ab sofort und absolut seine Inkognito-Identität) wird nach zuverlässigen Angaben einer bisher äußerst zuverlässigen Quelle aus dem Bundesamt für Entlastungsschutz mittlerweile im streng geheimen Schuhrnalistenzeugenschutzprogramm geführt und ist deshalb für weitere Anfragen bis auf weiteres nicht zugänglich. Hasenfratzest Familie (wir wahren ab sofort und absolut deren Inkognito-Identität), wohnhaft bisher in Baddensen, Leimensstraße 123, war völlig überrascht von dieser Situation und hat sich ebenfalls, wie Fridolin H. (wir wahren ab sofort und absolut deren Inkognito-Identität) in Deckung begeben und wohnt jetzt bei der Tante mütterlicherseits, welche eine Schwester der 2. stellvertretenden Vorsitzenden des Köstlichen Seniorenbunts Immelmann sein soll, die ebenfalls in Baddensen, Immelmannstraße 234 wohnen soll.

Auf weitere sensationelle Enthüllungen ist die geneigte Leserschaft aufs Äußerste gespannt ...

Das siebte Stück:

Journalischtenseminarr wird eröffnet

Pattongssong süre Läeene / von ChefredakteurIn Gesine Ebenda Schlüngenstberger-Söltmannshusensheimeraner. Wie aus sicherer Insiderquelle (welche wir natürlich im Interesse schutzwürdigster Interessen der Informantin (es ist die Autorin) geheimst halten) gerüchteweise zu erfahren ist, sind Verlag und Redaktion des überregional vertretenen und vielgeschätzen Blödsinnsmagazins Leimensnachrichten kurz vor dem abschließenden Abschluss eines größeren und für die krakelnde Zunft äußerst bedeutsamen Projekts, nämlich einer hausinternen Schurnalistenschule, welche auch den interessierten und hilflosen Anfängern und Laien unter den

Das Kollllegion. Und zugleich Gründungsausschuss der Schurnalistenschule der Leimensnachrichten. Initiator und Schuldirektionsvorstand Bernhardt Brettich, Assistentin Gisela Baldvoran, Fernleerkraft Gundula Gausemaus, Nahleeramtsinhaberin Sübülle Büllmershausen-Beutelsband, Oberstuhlrätin Gesine Ebenda Schlüngenstberger-Söltmannshusensheimeraner, Hausmeister Krause (v. Links)

Freizeitschurnalisten mehr als offenstehen soll. Immer nach dem schönen und selbst- und gnadenlosen Schurnalistenmotto: Hier werden sie veröffentlicht!

Basis dieses wahrhaft revolutionären Projekts ist der bereits seit einigen Jahren äußerst erfolgreich betriebene hauseigene Schurnalistenkindergarten "die Krakelkids", in dem in verschiedensten

23

Kleinst- und Intensivstgruppen (Sporcht, Gelallschaft, Bollidick unnt dünn, Fraaazaaat unn Würdschaff) zugleich spielerisch an die schurnalistische Basisarbeit herangeführt wird. Dass Verlag und Redaktion der international geschätzen Leimensnachrichten bereits seit Jahrzehnten kontinuierlich an der Weiterweg- und Sofortentwicklung des schurnalistischen Nachwuchses mehr als angestrengt und erfolgreich zugleich wirken, ist eben auch daran zu erkennen, dass das erfolgreiche Schurnalistenkindergartenprojekt "Die Krakelkids" aus der seit mehreren Jahrzehnten erfolgreichst geführten Schurnalistenkrabbelgruppe "Unsere Kleinen Tintenkleckser" hervorgegangen ist und

Krabbelgruppe Tintenkleckser

Logo und Claim der seit Jahrzehnten erfolgreich geführten Schurnalistenkrappelgrubbe der internationall bekloppten Leimensnachrichten

selbstverständlichst auch weiterhin weiterhingeführt werden wird, wie von internen Insidern treuherzigst berichtet wird.

Wie aus ebenfalls sicherster Insiderquelle zu erfahren ist, liegen bereits erste Leerpläne vor, in denen genauestenst und sorgfältigstenst zugleich nach den bewährten schurnalistisch-didaktischen Prinzipien geleert und entleert werden soll und sicher auch werden wird. So wird z.B. (zum Bleistift) in den Zweigen Hauptschule, Realschule und Oberschule in den Basisklassen jeweils Hauptblödsinn, Realblödsinn und Oberblödsinn vermittelt anhand übungsmäßigen Verfassens schlagkräftigster Schlagzeilen (auch Headlines genannt), wie z.B. (zum Bleistift) "Schützen essen Wurst", "Vogelkönig (Zaunkönig?) wird ermittelt" oder "Schlimmster Fall bleibt aus" oder, allerdings noch mit erheblicher Überlänge, "Drombusch ist der, der nur Freitags kann"; die Ärmste!

Erfahrendste Veteranen der krakelnden Zunft sollen sich bereits ungeduldigst um die wenigen noch offenen Leerstellen drängelnd bemühen und selbst allererstersterste Referenzen, wie z.B. (zum Bleistift) der internationale Puplitzer-Preis für Schurnalisten reicht allein für eine erfolgenreichste Bewerbung oftmals nicht aus.

Die Studiengänge (ein Labyrinth!, wie Insider zu berichten wissen) erstrecken sich über zahlreiche Semester, Trimester, Quartmester, Quintmester und Sexmester, was bereits zu einiger Verwirrung und moralischster Empörung geführt haben soll. Die erfolgreichen InsolventenInnen erhalten den internationall begehrten und in Deutschland weltberühmten Titel eines Deepl. grad(soeben). Schurnaluftikusses/

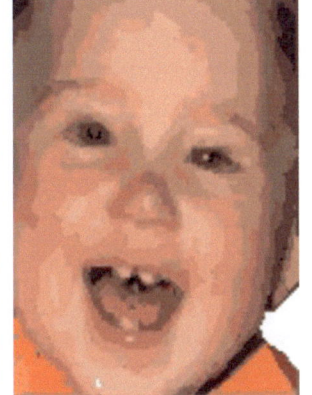

Cheffereackteuer Nils Onekennt. „Wer lachen will, muss fröhlich sein!"

kussin, eine entsprechend tintenbekleckste Urkunde und die Spitzeninsolventen/Innen dürfen sich außerdem um einen der begehrtesten Vollonktanktariatsstehplätze bei den Leimensnachrichten bewerben. Wie aus gewöhnlich gut unterrichteten Insiderkreisen zu erfahren war, soll es allerdings schon heute eine endlos lange Warteliste für dieses einmalig begehrte Vollonktanktariat geben.

Der Verlag hat bereits verlauten lassen, dass überzählige Kandidaten einen fast sicher kostenloseren Platz im benachbarten Kleisterblick erhalten sollen, wollen, mögen, können, dürfen – vielleicht. Die Kollegen dort freuen sich schon unbändig!

Das achte Stück:

NEU!

Das Große Leimensnachrichten-
Experten-Lokus
Expertenforum

Von den Besserwissern profitieren: Die 10-teilige Vortragsreihe mit Top-Referenten

Die Erfolgsgeschichte geht weiter: Die etablierte Vortragsreihe "HATZZ – Expertenforum – von den Besserwissern profitieren" wird nun auch von den Leimensnachrichten übernommen, wie aus gewöhnlich gut informierten Verlagskreisen verlautbart wurde. Zehn Topf-Experten wurden ausgewählt. Zehn Abende voll abgehobenen Bullshits erwarten den ahnungslosen Zuhörer.

Wir stellen Ihnen unsere Labertaschen in der Reihenfolge ihrer Langweiligkeiten vor:

Renee Cokossnus, Top-Experte für wirkungsvollen Bullshit
Die Kraft des Laberns, Bullshit, der fesselt und bekleistert!

Bild leider teilweise nebulös wg. waberndem Bullshit

Drienstag, 40. Märzote 2014 / Bullshit, die Blödheit der Kommunikation – wer Menschen überzeugen und mitreißen möchte, sollte diese Königsdisziplin des gesprochenen Wortes beherrschen, Überlassen Sie es nicht dem Zufall,

26

wie Sie in Gesprächen wirken und fesseln Sie Ihr Gegenüber mit brillantem Bullshit, Renee Cokossnus hält ein Plädoyer für modernen Bullshit, was mehr als die Politur von Informationen bedeutet. Auf unvergleichliche Weise werden hier Unsachlichkeit und Bekleisterung zusammengeführt. Erleben und erlernen Sie geballte Bullshitkraft.

Bild leider teilweise nebulös wg. waberndem Bullshit

Anidda Pflüggler, Rundum-Bullshitexpertin, Makketing- und Medjenberaterin
Überbullshitisiert und desinformiert? Erste Hilfe, einfache Regeln, Mehr Erfolg!

Drienstag, 32. Maierweichen 2014 / E-Mail-Bullshit, Handy-Bullshit, Web-Bullshit, Social Media-Bullshit: Wir sind dauerabgelenkt, statt aufmerksam. Wir reagieren, statt zu agieren. Wir sind Überbullshitisiert und desinformiert. Sie investieren Ihre wertvolle Zeit täglich in digitalen Bullshit und das Internet? Holen Sie sich 1001 Prozent zurück und sichern Sie sich Ihren Return on Internet-Bullshit: Die besten Tricks, Links, Apps und Regeln für mehr Zeit, mehr Produktivität, mehr Effizienz, mehr Wissen, mehr Arbeitsspaß und mehr Erfolg. Plus: Wie Sie die Macht über Ihren Bullshit zurückgewinnen und langfristig effizient, erfolgreich und stressfrei digital kommunizieren.

Erik Rupfnmülleä, 15 Sterne Bullshitredner und ehemaliger Ausbildungschef in der Trainerausbildung beim DBV
13 Freunde sollt ihr sein

Bild leider teilweise nebulös wg. waberndem Bullshit

Drienstag, 47. Apriljoke 2014 / Erik Rupfnmülleä, ehemaliger Bundesligatrainer im DBV (DeutscherBullshitVerband), zeigt Ihnen, wie viele Berührungspunkte es zwischen Firma und Verein gibt und wie Sie diese Erkenntnisse für den Unternehmenserfolg nutzen können. In diesem Bullshitvortrag werden aus dem internationalen Bullshit praxisbezogene Tipps für jede Führungskraft abgeleitet. Den Teilnehmern erschließen sich erstaunliche Gemeinsamkeiten zwischen Bullshittrainern und Managern in der Wirtschaft. Sie nehmen wichtige Erkenntnisse mit zur Teambildung und zur Motivation von "Bullshit-Spielern" und dem dreizehnten Mann mit.

Belexandre Little, Bullshitexperte, Professional Bullshit-Speaker, Bestsellerieautor
Bullshitstark in alle Richtungen: Wie Sie Mitarbeiter, Chefs und Kollegen richtig mit Bullshit versorgen

Bild leider teilweise nebulös wg. waberndem Bullshit

Drienstag, 36. Junhirnerweichung 2014 / Führungskräfte kämpfen auf mehreren Ebenen: Sie bekommen Bullshit von oben und unten, müssen mit ihren Bullshitkollegen gleichzeitig kooperieren und konkurrieren und ihren eigenen Bullshit ständig den unbarmherzig steigenden Anforderungen anpassen. Belexandre Little erläutert, wie Sie Ihr

Team zu hoher Leistung führen, mit den Kollegen auf gleicher Ebene kooperativ umgehen, ohne sich von der Konkurrenz ausstechen zu lassen und Ihren Bullshit bei Ihrem Vorgesetzten erfolgreich durchsetzen.

Svengsta Plägason, Diplom-Bullshiterologe und TV-Bullshitmoderator
Bullshitwandel: Gute Aussichten für morgen?

Bild leider teilweise nebulös
wg. waberndem Bullshit

Drienstag, 47. JulienneBrülé 2014 / Im Vortrag geht es zunächst um den Unterschied zwischen Bullshit und Bullshit. Zwei Bereiche, die in der Bullshitwandeldiskussion oft verwechselt werden und der Grund für viele Missverständnisse sind. Es wird gezeigt, dass natürliche und anthropogene Einflüsse gemeinsam den Bullshit verändern und dass sie sich gegenseitig keinesfalls ausschließen. Der Bullshit mündet in der Erkenntnis, dass wir den Bullshitwandel als Vorwarnung auffassen sollten: Eine Vorwarnung, die uns vor dem Verbrauch des letzten Tropfens Verstandes darauf hinweist, dass wir die Bullshitwende jetzt brauchen!

Jokl Berner, Abenteurer, Bullshitexperte und Geschäftsmann
Warum Menschen Bullshit können müssen. Bewegter Bullshit

Drienstag, 56. Oktoberblödsinn 2014 / Jokl Berner hat mit seiner Leidenschaft für außergewöhnlichen Bullshit verschiedene Weltrekorde aufgestellt. Er war immer auf der Suche nach extremem Bullshit und neuen Bullshitanstößen. Heute sucht er nicht mehr für sich selbst nach neuem Bullshit. Aus der Berufung wurde ein Beruf und schließlich eine ganze Unternehmensgruppe (die sog. Verjokl-Gruppe). Mit seinem Bullshit bereitet Jokl Berner heute tausenden Kunden unvergessliche Momente. Als Active Bullshit Chairman des Unternehmens hat der ehemalige Bullshit-Stuntman seinen Platz gefunden - und ist im Bullshit angekommen.

Bild leider teilweise nebulös wg. waberndem Bullshit

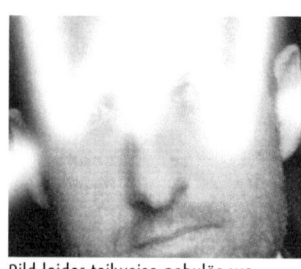

Mackus Schwallmauer, Bullshitforscher, Bullshitanwalt, Bullshitpublizist
Bullshit ist unsere Zukunft: Über die Kunst, das Bullshitempfinden nachhaltig strategisch einzusetzen.

Bild leider teilweise nebulös wg. waberndem Bullshit

Drienstag, 50. Nonsensember 2014 / Bullshit bestimmt als Emotion die ungeschriebenen Regeln einer Gesellschaft. Bullshit und Laberei sind deshalb weit mehr als ein philosophischer Selbst-

30

zweck oder bloßer Ausgleich für die Übervorteilung Einzelner irn Wettlauf der nach Bullshit suchenden Leistungsgesellschaft. Bullshit ist eine menschliche Emotion des Unbewussten. Mackus Schwallmauer zeigt, wie man sich des Bullshits bewusst wird, mit Bullshit umgeht und den Bullshit steigert. Lernen Sie die Bullshitprozesse des menschlichen Bullshitempfindens kennen und nutzen diesen Bullshit für Ihren Erfolg.

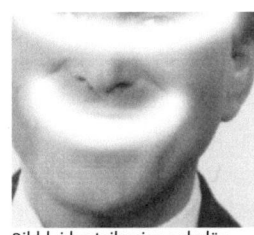

Dr. Dr. Micele Friedle, Bullshitanwalt, Bullshitpolitiker, Bullshitkolumnist und Fernseh-Bullshitmoderator
Bullshit und Verantwortungslosigkeit - Werte der Zukunft

Bild leider teilweise nebulös wg. waberndem Bullshit

Drienstag, 68. Septunsinnberg 2014 / Dr. Dr. Micele Friedle war Präsident des Europäischen Bullshit-Kongresses. Er moderierte u.a, beim MDDR die Talkshow "Bullshit" und beim HRBZ die Sendung "Vorsicht! Bullshit" sowie derzeit beim Bullshitsender Nonsens24 die Sendung "Studio Bullshit". In seinem Vortrag plädiert er für ein Wiederbesinnen auf die hohe Kunst des Bullshits als Basis für die Werte Doofheit und Wortlosigkeit. Seine These ist, dass die Kunst des feinsinnigen und scharfzüngigen Bullshits immer mehr verflacht, Seiner Auffassung nach ist, konstruktiver Bullshit die Basis einer modernen multikullurellen Gesellschaft.

Dr. bull. Belex Wittwattnich, Ärztlicher Direktor und Berater für Vorsorgebullshit in Bullshiturlaubsatmosphäre
Der neue Reichtum: Bullshit! Bullshit für Leistungssteigerung, Kreativität und Wohlbefinden

Drienstag, 76. Nonsensember 2014 / Dr. bull. Belex Wittwattnich versteht es, mit viel Bullshit, Charme und Witz sein Publikum für einen gesunden Bullshit zu motivieren, Verbote mit erhobenem Zeigefinger sind ihm fremd. Er predigt die Leichtigkeit des Bullshits und die Relativierung des Bullshit. Die Kombination aus neuestem Blödsinn und gnadenlosem Bullshit, sowie seine Fähigkeit, leicht verständlich zu überzeugen, zeichnen seinen Bullshit aus. Sie erfahren alles über: richtigen Bullshit, Bewegungsbullshit, Stress- und Time-Bullshit, die Relativierung der Wichtigkeiten und den täglichen Bullshit.

Bild leider teilweise nebulös wg. waberndem Bullshit

Bild leider teilweise nebulös wg. waberndem Bullshit

Steifgang Verratio, Experte für Bullshit-Körpersprache, Autor, Key Note Bullshit-Speaker, Dozent für Bullshit
Die Bullshit-Körpersprache der Erfolgreichen: Was Sie schon immer über Bullshit-Körpersprache wissen wollten

32

Drienstag, 84. Blödzember 2014 / Mit vielen live Bullshit-Demonstrationen und vollem Bullshit-Körpereinsatz lässt Sie Steifgang Verratio "erleben" was Sie aus der Bullshit-Körpersprache herauslesen können, mit weichem Bullshit Sie Begeisterung erzeugen und dabei sympathisch und kompetent wirken. Sie erhalten Tipps, wie Sie Bullshit schon an der Körpersprache erkennen und so Bullshit schneller entschärfen können. Wie Sie sexuellen Bullshit richtig (!) deuten, spielt er mit einem Augenzwinkern so authentisch vor, dass sein Publikum bisweilen nicht weiß, ob es sich in einem Bullshit-Seminar oder im "wirklichen Bullshit Leben" befindet.

Anmeldung für einzelne Bullshit-Vorträge oder für den kompletten Bullshit an den Verlag; Stichwort "tihsllub" bis spätestens 1. Aprilblume 2014 (Nur noch wenige Plätze verfügbar!). Jeder Teilnehmer erhält eine Urkunde des DBV (DeutscherBullshitVerband) mit zusätzlicher Berechtigung, einen Psychater seiner Wahl zu konsultieren. Teilnehmer von drei Veranstaltungen erhalten eine Urkunde in Silber mit silberner Bullshitspange und werden zugleich kostenlos vom stets anwesenden Amtsarzt auf ihren Geisteszustand untersucht. Teilnehmer von fünf oder weiteren Veranstaltungen werden anschließend ohne weitere Ver- und Behandlung dauerhaft in die nächstgelegene Klappsmühle eingewiesen. Nach Auskunft des Verlags fließen 13% des Eintrittsbetrages als Spende an den DBV (DeutscherBullshitVerband) zur umfassenden Förderung des Bullshits in jeder Lebensbullshitphase.

Das neunte Stück:

Sensationell! Ägyptologen sind elektrisiert: Rätselhaftes altägyptisches Artefakt entdeckt.

Nofretete ist beleidigt! Bereits wenige Tage nach der Entdeckung dieses sensationellen Fundes ist die Klickrate auf den Suchmaschinen des Internet bei diesem Artefakt erheblich höher als bei der betagten Dame. Der weltweit renommierte und höchst anerkannte Altertumsforscher und Ägyptologe Prof. Dr. Henry L. Wilhelmy von der Pennsylvania State University of Alabama, USA hatte anlässlich eines Gastvortrages vor über 50.000 Ägyptologen und Altertumsforschern in Hannover/Niedersachsen/Deutschland bei einem Rundgang durch das weltweit renommierte und höchst anerkannte Kästchenmuseum in Hannover/Niedersachsen/Deutschland eine aufsehenerregende Entdeckung gemacht, welche geeignet scheint, dass archäologische und kulturelle Weltbild der wissenschaftlichen Ägyptologengemeinde in ihren Grundfesten zu erschüttern.

Großer Protest unter den Ägyptologen: Hierhin soll es wieder zurück – das neueste altägyptische Artefakt; behauptet Ägyptologe und Hydroglyphenexperte Prof. Dr. Dr. mult. h.c. Franziscuss v. Montezoriehiens.

Bei der jährlich stattfindenden Archivierungsinventur wurde rein zufällig ein Artefakt gefunden, von dem bisher niemand in der Archivierungsordnungsober-

Der Fundort im Archiv des Kästchenmuseums in Hannover/Niedersachsen/Deutschland

34

Das Artefakt, wie es von der Raumpflegerin N. A. zufällig im Papierkorb entdeckt wurde,

leitstelle etwas gewusst zun haben scheint. Ganz banal wäre das besagte Artefakt durch Unachtsamkeit beinahe im sprichwörtlichen Papierkorb gelandet und damit für die wissenschaftliche Nachwelt endgültig verloren. Nur der beharrlichen Aufmerksamkeit der Raumpflegerin N. A., einer äußerst gewissenhafte Dame mit erheblichem Migrationshintergrund, ist es zu verdanken, dass dieses unschätzbar wertvolle Artefakt der Wissenschaft und der interessierten Öffentlichkeit erhalten blieb.

Um was handelt es sich? Der wissenschaftlich noch nicht vollständig erschlossene Hintergrund des besagten Artefaktes wird unterschiedlich gedeutet. Eine Mehrheitsfraktion unter den Ägyptologen steht auf dem Standpunkt, es handele sich um ein religiös bedeutungsvolles Instrument der Einkehr, ähnlich dem zeitgeschichtlich weitaus später auftretenden Rosenkranz. Vieles deutet darauf hin, dass

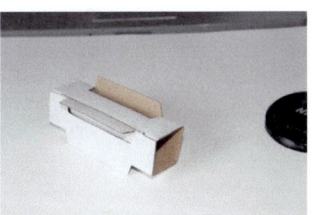

Die schlichte Rekonstruktion: Einseitig weiss gefärbter Papyrus in vollkommen perfekter Faltung. Wie das Original. Vermutlich als Home-made Ägypto-Falter demnächst in diversen Museumsshops erhältlich.

diese These nicht ganz ohne Bedeutung sein könnte. Insbesondere die auf dem Artefakt noch rudimentär erkennbaren Finger- und Handspuren lassen diesen Schluss unbedingt zu. Wissenschaftlich betrachtet bedarf es allerdings weiterer Fakten, welche diese These wissenschaftlich unterlegen würden. Vorerst gibt es auch den Minderheitenvortrag kritischer Wissenschaftler der Ägyptologie, zunehmend auch aus dem Lager der antroposophischen Altertumsforschung, welche sich explizit gegen die vorherrschende These wenden und zugleich unterstellen, dass es mit diesem Artefakt eine speziell hochpolitische Bedeutung mit Bezug auf die damals herrschenden Machtverhältnisse haben könnte.

Dem steht der Vorsitzende des Ägyptisches Ministerium für Ägyptische Altertümer in Kairo, Ägypten, Prof. Dr. Dr. Musaber Micheinladen als führender Kopf der offiziellen ägyptischen Protestbewegung, welche unter dem Motto fingiert "Ägypten für die Pharaonens" zunehmend positiv gegenüber. Allerdings lässt das besagte Artefakt bei genauerer Untersuchung eben auch den Schluss zu, dass an der Theorie der wissenschaftlichen Minderheit zumindest etwas Zutreffendes sein könnte, sollte, dürfte, wollte, möchte etc.

Der Ägyptologe Prof. Dr. Henry L. Wilhelmy demonstriert anhand der Rekonstruktion des Artefakts die seiner Meinung nach hochwahrscheinliche Handhabung und Nutzung des Artefakts. Er hat sich zu diesem Zweck extra der Mühe unterzogen, ein Gewand im Stile der damaligen Bekleidung der ägyptischen Hohepriester, soweit nachweisbar, anzulegen.

Der weltweit renommierte und höchst anerkannte Altertumsforscher und Ägyptologe Prof. Dr. Henry L. Wilhelmy von der Pennsylvania State University of Alabama, USA hat in Zusammenarbeit mit dem ebenso renommierten Remmer-Playstayzehniusmuseum, Hildenheimens, Niedersachsen, Deutschland ein von zahlreichen selbstlosensten Stiftungen unterstütztes Forschungsprogramm aufgelegt, welches nunmehr zweifelsfrei klären

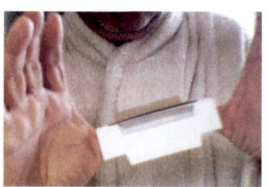

Und jetzt geht es andersherum! Prof. Dr. Henry L. Wilhelmy kurz vorm Durchdrehen – Ärzte halfen ihm, unter großen Mühen das Bewusstsein wieder zu erlangen. „Ich war wie durchgedreht" ...

36

soll, welchen wissenschaftlichen Stellenwert dieses von allen Forschern anerkannt singuläre und einzigartige Artefakt zugleich in der zukünftigen Ägyptologieforschung bekommen sollte.

Der praktischen Alltagsbedeutung dieses sensationellen Artefakts versuchen inzwischen Forscher der ägyptologischen Fakultät der staatlichen Universität von Siriolarus, Alhambrador, Spanien auf den Grund zu kommen. Die bereits beschriebenen Finger- und Handspuren lassen darauf schließen, dass das Artefakt nicht nur formaler religiöser Bedeutung unterlag sondern vielmehr auch in der Ausübung ritueller religöser Handlungen zentrale Bedeutung hatte. Der Dreh- und Angelpunkt dieser wissenschaftlich erhärteten Interpretationen bezieht sich eindeutig auf die erkennbare Richtung der Bewegungen, welche das Artefakt in seinem religiösen Anwendungsbereich erfahren hat. Allerdings gibt die Bewegungsrichtung sowohl in die eine als auch in die andere Richtung noch erheblichen Interpretationsspielraum.

Dem ebenfalls weltweit bekannten und renommierten Ägyptologen und Hydroglyphenexperten Prof. Dr. Dr. mult. h.c. Franziscuss v. Montezoriehens, Dekan der ägyptologischen Fakultät der Universität von Salsa-Bolognese/ Italien ist es inzwischen gelungen, zumindest Teile des altägyptischen Textes zu entziffern und zu übersetzen. "Wenn mich nicht alles täuscht, so handelt es sich aufgrund der sorgfältigen Analyse der Textfragmente um eine Art Gebetsmühle, welche, je nach Drehrichtung den altägyptischen Gottheiten Ska, Re und Kontra gewidmet zu sein scheint."

In moderne Verse gekleidet ergibt sich folgender Text:

Willst Du d...ies...e Papp...e dre...hen
wi...rst du ba...ld nur Ster... ne sehen
Dre...hst D... dann die a...nderen Se...iten
w...i...rst Du in den Bl...öd...s...inn gleit...en
aber Du w...irst vö...l...lig du...mm
dreh...st Du a...uch mal and...ers...rum

Selbstverständlich, betont der Ägyptologe und Hydroglyphen-experte Prof. Dr. Dr. mult. h.c. Franziscuss v. Montezoriehens, stehe man bei der tieferen Interpretation dieses hinreissenden Textes noch völlig am Anfang - ein Ende sei nicht absehbar.

Prof. Dr. Henry L. Wilhelmy deutet das Ganze als eine Krise in der frühzeitliche Entwicklungsphase der histerischen Wissen-schaften, welche offensichtlich noch nicht begriffen zu haben scheint, dass alles möglich ist und kann und wird und soll und muss und überhaupt ...

Wir dürfen gespannt sein, was die ernsthafte Forschung für weitere Ergebnisse liefern wird ...

Das zehnte Stück:

Heute ein König – von Hannover!

Tja, wer hätte das gedacht? Seit Wochen nun outen sich bislang völlig unbekannte Staubgeborene aus der Region Hannover als nächste Verwandte des seit der denkwürdigen Expo 2000 weltweit bekannten, offiziellen Welfenführers und Schirmherren zugleich, Ernst August, ebenfalls von Hannover. Wie konnte es zu dieser geradezu inflationären Vermehrung adeligster Sprosse kommen? Und was hat sie getrieben, sich nunmehr der erstaunten Öffentlichkeit als Bruder, Schwester, Onkel, Tante usw. zu präsentieren? War es der sagenumwobene Reichtum des Welfenhauses, oder die Wahrung der Tronansprüche in Hannover und England zugleich? Oder war es womöglich gar der banale Wunsch, der Schwägerin Caroline in Monaco mal ganz jovial die erlauchte Hand zu reichen – nach dem Motto: wir als Königs kenn'n uns doch aus innerer jroßen Welt, nöö?

Das große Rätsel unserer Zeit – jetzt überraschend gelöst!

Nun denn: Gestern, am Tag nach Nikolaus, war es dann soweit! Des Rätsels Lösung wurde offenbar. Hier sei gestattet, etwas weiter auszuholen, um den Vorgang besser zu beleuchten. Zumindest besser, als die schlecht ausgeleuchteten Königs von Hannover in den vermeintlich so rätselhaften Selbstanzeigen an prominenten Stellen der lokalen Tageszeitung Hatz. Anfangs hätte man ja noch mit einiger Phantasie vermuten mögen, dem drögen Erscheinungsbild des Blattes fehle ein wenig Glamour, sozusagen etwas YellowPress-Feeling. Dazu aber erschienen die Königsportraits dann

39

doch ein wenig zu duster. Obwohl – die Fährte führt in die richtige Abteilung! Wie so oft, wenn einem nichts Vernünftiges mehr einfällt, kommt die Blitz-, Donner- und Wunderabteilung ins Spiel: Genau! das Marketing. Und bei der Hatz gibt's tatsächlich auch so eine schöne Abteilung und natürlich auch einen Leiter. Wir wollen ihn schonen und nennen ihn schlicht Günter E. Dieser brave Mann muß sich, vermutlich auf der Suche nach Weihnachtsgeschenken, in letzter Zeit des öfteren in Buchhandlungen herumgetrieben haben, und dort ist er dann auf die zündende Idee gekommen.

Dazu muss man wissen, dass der schlichte Buchhandel ein Kind von gestern ist. Findige Marketingexperten (!) haben dort bereits seit längerem Bereiche installiert, in denen sog. Non-Books angeboten werden. Das ist all der Schnickschnack unnützer Dinge, denen man bis dahin in Buchhandlungen sehr sicher aus dem Wege gehen konnte – aber wie gesagt: diese Zeiten sind vorbei! Und nun begegnet uns das Wunder der Analogie. Günter E., so wollen wir ihn weiterhin zur Schonung seiner wahren Identität nennen, muss schlagartig erkannt haben (Es war vermutlich ein Klapps mit einem Non-Book auf den Hinterkopf, der ja bekanntlich das Denkvermögen erhöht), dass, wenn es in Buchhandlungen Non-Books zu erwerben gibt, es ja vielleicht in Zeitungsverlagen/ Geschäften auch Non-Zeitungen, oder um im Marketingsprech zu bleiben, Non-Papers ins Angebot gehörten. Und so geshah es.

Zum Wunder der Ananlogie gesellt sich nunmehr, marketingtechnisch sehr wohl begründet, das Wunder der Überhöhung. Denn, wenn man sich fragt (was die besagte Marketingabteilung gewiss getan hat), was es denn sein könne, das den unbefangenen Zeitungsleser oder sogar Abonnementsinhaber dazu bringen könnte, die Non-Paper-Abteilung zu betreten, dann kam man schnell zu der Überlegung (und das hat die besagte Marketingabteilung gewiss auch getan), das Angebot müsse ganz oben angesiedelt, also mindestens fürstlich oder gar – und da haben wir es denn endlich – königlich sein!

Und richtig: Für große und kleine Könige hält die bis hierhin als einigermaßen seriös geltende Hatz nunmehr die schöne Trendmarke "König von Hannover" bereit, welche diverse, äußerst kostbare Trendartikel, versehen mit dem edlen goldenen Logo auf schwarzem Grund, zum Erwerb bereit. Erwerb - wie schnöde das doch klingt angesichts der wahrhaft trendigen Produkte/Preziosen, die zu erstehen jedem König zur Ehre gereicht. Und da werden sie dann konsequent präsentiert in einer Extra-Weihnachtsbeilage.

Man weiß garnicht wo man anfangen soll. Ist es der wunderbare Kaffeebecher mit dem royalen Logo, aus dem man natürlich notfalls auch ein gleichnamiges Bier aus Duisburg schlürfen könnte (... heute ein König)? Oder ist es das fabelhafte Frühstücksbrettchen, auf dem man dann dem König eine schmieren könnte? Eine königliche Stulle (Wuschtebrot) natürlich! Oder womöglich das königliche Saunatuch? In diesem edlen Gewande sieht selbst der Kaiser besser aus als in seinen neuen Kleidern, und außerdem ist damit die Hierarchiefrage unter den sonst gewöhnlich Nackten in der Sauna wohl endlich und eindeutig zugleich geklärt. "Hoheit schwitzen heute aber wieder königlich!"

Am geeignetsten, sein königliches Geblüt und das dazugehörige königliche Anwesen angemessen zu präsentieren, ist allemal und immer noch die wunderschöne (Ja! man glaubt es kaum!)

Fußmatte! Krone und Titel, wie gesagt in royalem Gold auf edlen schwarzen Grund gestellt, bieten so recht Gelegenheit, seiner schönen und edlen Herkunft angemessen Ausdruck zu verleihen. Man denke sich zum Beispiel den Überbringer diplomatischer Depeschen, wie er vor der Haustür von Königs bereits erfurchtsvoll den Kopf senkt vor der nunmehr bald erscheinenden königlichen Majestät – um sich dann von seinen Schuhen die Hundescheiße abzutreten, in die er auf dem Weg durch die königlichen Gärten getreten ist; da ist die Krone nun besudelt. Den Ärger wird König dann vermutlich mit einem Schluck königlichen Kaffees aus seinem eigens dafür vorhandenem Königsbecher herunterspülen. Vielleicht erwirbt er sich ja aber lieber die Trainings-DVD von Hannovers, allerdings bürgerlichen, Hundeexpertin, um dafür zu sorgen, dass der königliche Köter nicht mehr auf die ebenso königlichen Wege scheißt.

Der letzte und echte! Georg V., König von Hannover. Man sieht ihn gelegentlich am Bahnhof herumstehen – aber er kann uns nicht sehen!

Wie gesagt, alles wunderbare und zugleich dringend notwendige Acessoires für ein königliches Dasein, die es sonst noch nirgendwo in dieser wahrhaft exklusiven Ausstattung gegeben hat (das Fabergé-Ei ist dagegen ein Dreck) und dazu noch zu durchaus bürgerlichen Preisen. Da steckt dann allerdings auch der Widerspruch: Wenn sich jeder Staubgeborene diese wunderbaren Schätze so mir nichts dir nichts im nächsten Zeitungsladen erwerben darf und kann; welcher wahre König wollte sich dann noch mit diesem Plunder schmücken wollen.

Lieber Herr Günter E., Fragen über Fragen. Fröhliche Weihnachten, oder lieber königliche?

P.S.: Der letzte wahre König von Hannover, Georg V, war ja bekanntlich blind, also ohne Augenlicht. Dass er des o.g. Plunders dadurch nicht angesichtig werden könnte, kann man für einen Segen halten. Und der gegenwärtige E.A. trägt vermutlich aus dem selben Grunde des öfteren eine sehr dunkle Sonnenbrille?!

Das elfte Stück:

Das Märchen von der trüben Funzel und der tropfenden Brause, dem säuselnden Föhn und dem röchelnden Staubsauger

Es war einmal vor langer langer Zeit ... So fangen alle Märchen an, so auch dieses schöne und gar erbauliche Märchen, das davon handelt, wie gute Menschen versuchen, aus uns allen noch bessere Menschen zu machen.

Also: Es war einmal vor langer langer Zeit, da trafen sich die Könige aus ganz Europa in der wunderschönen Hauptstadt des zweitkleinsten Königreiches und berieten sich untereinander, wie es ihnen wohl gemeinsam gelingen

Das ist sie nicht, die trübe Funzel!

43

könnte, all ihren Untertanen unzählige Wohltaten angedeien zu lassen, damit es den braven Bürgern in Zukunft wie im Paradiese vorkäme; oder zumindest wie im Schlaraffenlande, wo bekanntlich Milch und Honig flössen und einem die gebratenen Tauben von selbst in den Mund flögen.

Nebenbei hofften die Könige – und auch eine Königin war darunter – natürlich auch, dass es ihnen damit gelänge, ihre segensreiche Herrschaft zu festigen und unerschütterlich zu machen. Aber das nur am Rande.

Nach langen Beratungen entschlossen sie sich dann endlich, dort in der Hauptstadt dieses Zweitkleinsten Königreiches von Europa einen großen Palast zu errichten, der der Großartigkeit ihrer endlosen Beratungen als sinnfälliges Symbol gelten sollte. Auf endlosen Fluren in zahllosen Amtsstuben des himmelhoch ragenden Wunderturmes wirkten alsbald in unermüdlichem Eifer Legionen kluger Bediensteter aus allen Königreichen Europas an der Ausgestaltung des von ihren Königen so sinnreich beschlossenen Schlaraffenlandes, oder besser noch: des Paradieses auf Erden.

Und so begab es sich binnen Kurzem, dass zuallererst die Diener dieses Palastes sich vorkamen, wie im Paradies. Sitzung folgte auf Sitzung, Beratung auf Beratung, Empfehlung auf Empfehlung und bald merkten sie alle, dass sie tatsächlich machen konnten, was sie wollten. Alle Bürger Europas waren glücklich, nunmehr auf dem besten Wege ins Paradies zu sein, dank des unermüdlichen Einfallsreichtums der Diener des Turms. Zuerst, das lag nahe, machten sich die Bediensteten daran, für die durcheinander fließenden, herumliegenden und kreuz und quer fliegenden

Lebens- und Nahrungsmittel sinnfällige Regeln zu erfinden, die bis dahin niemandem in den Sinn gekommen wären, aber selbstverständlich mit dem größten Ernst und der unbestreitbaren Notwendigkeit zum Nutzen und Frommen aller Bürger Europas zum Gesetz gemacht wurden. So unterteilte man das neue Schlaraffenland in verschiedene Klassen, in denen dann nur die entsprechenden Früchte zur Ernährung bereitgestellt werden durften. War z.B. ein Apfel zu klein, obwohl er zugleich frisch und wohlschmeckend war, so durfte er nunmehr nur noch in der Klasse Drei verzehrt werden. Äpfel für die Klasse Eins hatten vor allem wunderschön rot zu sein, mit glänzender Schale zu strahlen und mindestens 100 Gramm zu wiegen – wie's drinnen aussah, war egal.

Und so ersannen die hilfreichen Bediensteten des großen Brüsseler Turmes, denn so, das sei hier endlich verraten, hieß die Hauptstadt des zweitkleinsten Königreiches in Europa (Diese Hauptstadt hatte noch ein weltbekanntes Wahrzeichen, das in dem weiteren Verlauf dieses Märchens noch eine besondere Symbolik bekommen wird.), so ersannen sie also in emsiger Betriebsamkeit nach und nach für alles und jedes eine Beschreibung und Verordnung. Salatgurken mussten eine bestimmte Krümmung haben, Champignons mussten makellos weiß sein; für Bananen wurde eigens der Beruf des Bananenbiegers erschaffen.

Aber eines Tages ereignete es sich dann, dass die zahllosen Diener des Turms nichts mehr zu tun hatten, denn alles was für das Schlaraffenland zu regulieren war, war reguliert, geordnet und somit paradiesisch verbessert. Es trat eine große Langeweile ein. Reihenweise brachen sie sich die Finger in der Nase ab. Die Diener beschwerten sich bei Ihren Fürsten. Und diese erschraken sehr! Denn die paradiesischen Zustände im Innern des großen Turms sollten niemals aufhören. Waren sie doch die Garantie für die Sorglosigkeit der Könige, deren Macht dadurch für immer gesichert war. Und gab es denn mal einen leisen Protest unter den undankbaren Untertanen, so konnte der König immer sagen, "Ich war's nicht. Die da in Brüssel habens gemacht. Ich muss mich fügen!"

Flugs ersannen sie also neue Betätigungsfelder. Aber dies Märchen würde niemals enden, denn wenn alle Segnungen hier aufgezählt würden und wäre man damit am Ende, so wären inzwischen wieder unendlich viele neue Verordnungen, Erlasse und Verbote – ja soweit war es inzwischen gekommen – hinzu gekommen, so dass es niemals enden wird!

Hier sollte allen ein Licht aufgehen. Ging aber nicht. Ist verboten!

Und hier beginnt nun endlich das eigentliche Märchen von der trüben Funzel und der tropfenden Brause. Allmählich hatten sich die Diener des dunklen Turms fast aller Lebensbereich der Untertanen der Könige Europas siegreich bemächtigt, aber immer noch waren sie unermüdlich auf der Suche nach neuen Regulierungsebenen, denn nichts fürchteten sie mehr, als dass es noch etwas gäbe, das nicht von ihnen sinnreich geregelt wäre; abgesehen davon, dass sie sich davor fürchteten, sich weitere Finger in der Nase abzubrechen. Aber das nur am Rande.

46

Und bald hatte man es heraus! Das Heim der Untertanen war die Brutstätte, das ungezügelte Leben darin, das Private war der eigentliche Feind! Und so machten sich die Diener des dunklen Turms auf den Weg. Und bald fanden sie heraus, wie mit ganz kleinen einfachen Verboten auch hier sehr bald der Unordnung, ja dem Chaos eine endgültiges Ende bereitet werden könnte.

Die Könige Europas hatten indes heimlich beschlossen, einen Weg zu erproben, wie die Geduld ihrer Untertanen zuverlässig geprüft werden könne. Und so erfanden sie eine neue Abteilung im großen dunklen Turm, die alsbald über alle anderen Abteilungen herrschte! Diese Abteilung nannten sie "PROBAT AD ABSURDUM" und ab sofort mussten alle Vorschläge, Verordnungen und Verbote – ja soweit war es inzwischen gekommen – aller anderen Abteilungen daraufhin geprüft werden, ob sie auch unsinnig genug seien, die Geduld der Untertanen hinreichend gründlich zu prüfen und am Verstand irre zu werden, denn das Privatfernsehen allein schaffte es nicht, die Verblödung voranzutreiben. Aber das nur am Rande.

Den Dienern des dunklen Turms war es seit langem ein Dorn im Auge, wenn Dinge länger hielten, als ihre eignen Dienstzeit, so dass die Dinge imstande waren, alle Regulierungsmaßnahmen zu überleben. Insbesondere in den Privatbereichen der Untertanen schien buchstäblich der helle Wahnsinn zu herrschen. Wie könnte es denn sein, dass eine schlichte Glühlampe heller scheint, als all die anderen schönen neuen Lichterfindungen der darbenden Leuchtenindustrie, dass sie zu allem Übel unsinnigerweise auch noch heizt, und, was das Schlimmst ist, sie brennt ohn' Unterlass gut und gerne mindestens zehnmal länger. In USA, so geht die Mär, brennt eine sogar schon seit ihrer Erfindung vor über hundert

Jahren (aber das ist sicher nur ein Märchen). Das gehört abgeschafft! Und so wurde eilends, aber mit bewährter Gründlichkeit und Unerbittlichkeit, daran gearbeitet, diesen elenden Zustand zu beseitigen. Und siehe da: Es war tatsächlich gelungen. Kein nennenswerter Bürgerprotest, kein Volksaufstand, nein: noch nicht einmal nennenswerte Hamsterkäufe hatten stattgefunden. Ganz offensichtlich war die Geduld der Untertanen immer noch nicht ausgereizt. Man musste weitermachen.

Steter Tropfen höhlt das Hirn. Der neue Feldversuch der EU-Abteilung „PROBAT AD ABSURDUM"

Notgedrungen machte man sich auf die Suche nach neuen, bislang unerhörten Möglichkeiten der Drangsal, des Kujonierens aller Untertanen des Vereinigten Königreiches von Europa. Und kundig im Finden von immer absurderen Geistesverirrungen kamen dann sehr schnell findige Geister aus der obersten Abteilung des Dunklen Turmes auf die schöne Idee, wie den Bürgern auch noch der letzte Tropfen Verstand aus dem Hirn getrieben werden könne.

Und so wurde in der mittlerweile weltberühmten Brüsseler Abteilung "PROBAT AD ABSURDUM" nicht nur die Verordnung zur Abschaffung nicht normgerechter Brauseköpfe erfunden, sondern weiters auch die Leistungsbegrenzung von Föhn und Staubsauger, so dass sie weder richtig blasen noch saugen konnten (Nachzulesen in seriösen Tageszeitungen). Ein Schelm, wer Blödes dabei denkt. Wenn denn es überhaupt noch Schelme in diesem Lande gibt, die denken wollen. Aber das nur am Rande.

Zum guten Schluss dieses Märchens, denn alle Märchen haben einen guten Schluss; zum guten Schluss also erinnern wir uns des anderen Wahrzeichens dieser trotz allem in Teilen noch wunderschönen Hauptstadt des zweitkleinsten Königreiches in Europa: Dabei handelt es sich um eine kleine Brunnenfigur, die ziemlich schamlos und in aller Öffentlichkeit mit allergrößter Ausdauer seit ihrer Erstellung in einen Brunnen pinkelt. Manneken Piss. Mal sehen, wann an ihm ein neuer Brausekopf,

Mit dem neuen EU-normgerechten Brausekopf wäre es damit vorbei.

europäisch genormt, installiert wird, so dass es mit dem liederlichen Tröpfeln endlich aufhört ...

Das zwölfte Stück:

Na? Logo! Jetzt auch Arnum - Logoepedemie greift besorgniserregend um sich.

Mit diesen Stapelbuchstaben wirbt demnächst auch Arnum für sich. Dreissig Sekunden haben Ortsbürgermeister und Ratsexperten am neuen Logo gearbeitet. Das Ergebnis sehen Sie hier. Es fehlt nichts ...

Landeshauptstadt Hannover und Region Hannover wollen beide vom kommenden Jahr an einheitlich auftreten und ihr überregonales Image verbessern – mit neuem Logo und Standortmarketing. Inzwischen breitet sich das innovativste und allerneueste Logodesign epedemieartig aus, allerdings vorläufig nur in der Region. Nun will demnächst auch Arnum, eine der innovativsten Gemeinden der Region nicht nachstehen und hat in gemeinsamer, titanenhafter Anstrengung von Rat, Verwaltung und der auch international renommierten Design- und Werbeagentur Klecksdesign umgehend reagiert und eine originelle Adaption entwickelt, welche insbesondere die enge Verbundenheit mt der Region in einzigartiger Weise dokumentiert.

Arnums Ortsoberbürgermeister verweigert mit Hinweis auf die hohe Ansteckungsgefahr dieser besorgniserregenden Epedemie weitere Informationen. Die Leimensnachrichten haben deshalb drei internationall bekloppte Designexperten befragt.

Nachgekrakelt:

LN: An Logo und dem noch nicht ganz ausformuliertem Leitbild wurde dreissig Sekunden gearbeitet. Jetzt weiß man, dass Arnum auch zur Region Hannover gehört und von einer sechsspurigen Bundesautobahn geteilt wird. Ist das nicht etwas dünn?

Designexperte Baldrian S. von der internationalen Designagentur Dummerstags Vergeygt: Hätten wir in den vergangenen Jahrzehnten das Arnumer Alleinstellungsmerkmal übersehen, hätten wir etwas gehörig falsch gemacht. Es geht um etwas anders.

mit Brett vorm Kopf ...

LN: Um was denn?

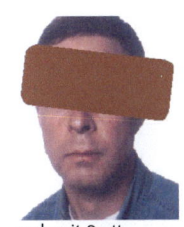

Designexperte Stuppied S. von der internationalen Diesainagentur Stolpersteindesigners: Um eine systematische Markenführung und Markenpolitik. Beides ist wichtig im Konkurrenzkampf der Städte, um Ansiedlungen von Unternehmen zu bestehen und um junge Familien oder Touristen in die Stadt zu holen. Dazu müssen wir überregional wahrgenommen werden.

auch mit Brett

Die Arnumer von der rechten Seite der sechsspurigen Bundesautobahn z.B. kennen das Arnum auf der anderen Seite kaum, die

51

Arnumer von der linken Seite der sechsspurigen Bundesautobahn kennen das rechseitige Arnum nur vom Hörensagen. Die Stadt will nun gemeinsam mit der Region ein Standortmarketing aus einem Guss betreiben. Das ist etwas wirklich Neues, sozusagen die Erfindung des Rades , die Dritte oder zumindest Vierte.

LN: Warum dauert es so lange. Arnum gibt es doch schon seit Jahrhunderten?

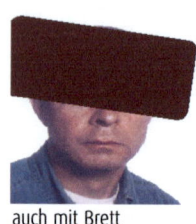

auch mit Brett

Designexperte Langsarm C. von der internationall bekloppten Designagentur Namenlos, Namenlos & Narrenfrei: Vor zehn Jahren noch wäre es undenkbar gewesen, dass sich Regionspräsident und Oberbürgermeister auf ein einheitliches Marketing verständigen. Dazu mussten die Dingers erst zusammenwachsen. Was wir nun machen, ist der Auftakt für ein neues Kapitel. Arnum wird auf sein altes Logo, die sog. Delle, verzichten. Wir haben festgestellt, dass dieses Logo nicht wirklich identitätsstiftend war. Deswegen stellen wir uns jetzt in den Dienst des neuen gemeinsamen Vergebens und Vergeigens.

LN: Ist Arnum mit diesem Vorpreschen nicht etwas zu voreilig?

und hier auch

Designexperte Baldrian S. von der internationalen Designagentur Dummerstags Vergeygt: Aber nein! Aus internen Quellen wissen wir, dass andere, ebenso internationall bekloppte Designagenturen die Gemeinden, wie z.B. Pattensen und Hemmingen, vor sich hertreiben und schon etwas schneller waren. Wir waren diesmal eben erst die Dritten, was ja insbesondere für die Innovationsfähigkeit unserer Stadt spricht. Gern wären wir die Avantgarde in dieser scheinbar hochinfektiösen Epedemie gewesen.

LN: Eine letzte Frage. Wo bleibt der Mumm?

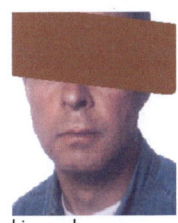

Designexperte Stuppied S. von der internationalen Diesainagentur Stolpersteindesign: Als gelernte Design- und Makkulaturexperten ist uns natürlich sofort aufgestoßen, dass der Designprozess mit reichlich Mumm befeuert und begossen werden musste. Jetzt ist leider Flasche leer.

hier auch

LN: Sehr geehrte Designexperten, wir danken für das Gespräch. Interview: Hans Hamster

... die Fortsetzung, das dreizehnte Stück:

Na? Logo! Nun kann auch Hemmingen dem neuen Logo nicht widerstehen.

Mit diesen Stapelbuchstaben wirbt Hemmingen bald für sich. Drei Minuten haben Stadt und Gemeinden am neuen Logo gearbeitet. Das Ergebnis sehen Sie hier. Es fehlt nichts ...

Der neue Auftritt der Stadt. Landeshauptstadt Hannover und Region Hannover wollen vom kommenden Jahr an einheitlich auftreten und ihr überregionales Image verbessern – mit neuem

HEM ING EN

Logo und Standortmarketing. da wollte Hemmingen, eine der innovativsten Gemeinden der Region nicht nachstehen und hat in gemeinsamer, titanenhafter Anstrengung von Rat, Verwaltung und der auch international renommierten Werbeagentur Klecksdesign umgehend reagiert und eine originelle Adaption entwickelt, welche insbesondere die enge Verbundenheit mt der Region in einzigartiger Weise dokumentiert.

Nachgehakelt: Bürgermeister Gerd S. im Interview mit den Leimensnachrichten.

LN: An Logo und dem noch nicht ganz ausformuliertem Leitbild wurde drei Tage gearbeitet. Jetzt weiß man, dass Hemmingen auch zur Region Hannover gehört und der Standort zwischen Wilkenburg und Arnum internationale Verkehrsströme an sich zieht. Ist das nicht etwas dünn?

Bürgermeister Gerd S. in heftigster Erregung während der investigativen Befragung zum neuen Logo

Bürgermeister G. S.: Hätten wir in den vergangenen Jahrzehnten unser Alleinstellungsmerkmal übersehen, hätten wir etwas gehörig falsch gemacht. Es geht um etwas anders.

LN: Um was denn?

Bürgermeister G. S.: Um eine systematische Markenführung und

54

Markenpolitik. Beides ist wichtig im Konkurenzkampf der Städte um Ansiedlungen von Unternehmen zu bestehen und um junge Familien oder Touristen in die Stadt zu holen. Dazu müssen wir überregional wahrgenommen werden. Die Hannoveraner z.B. kennen Hemmingen kaum, die Pattenseraner nur vom Hörensagen. Die Stadt will nun gemeinsam mit der Region ein Standortmarketing aus einem Guss betreiben. Das ist etwas wirklich Neues, sozusagen die Erfindung des Rades, die Zweite.

LN: Warum dauert es so lange. Hemmingen gibt es doch schon seit Jahrhunderten?

Bürgermeister G. S.: Vor zehn Jahren noch wäre es undenkbar gewesen, dass sich Regionspräsident und Oberbürgermeister auf ein einheitliches Marketing verständigen. dazu mussten die Dinge erst zusammenwachsen. Was wir nun machen, ist der Auftakt für ein neues Kapitel. Hemmingen wird auf sein altes Logo, die sog. Welle, verzichten. Wir haben festgestellt, dass dieses Logo nicht wirklich identitätsstiftend war. Deswegen stellen wir uns jetzt in den Dienst des neuen gemeinsamen Vorgehens.

LN: Ist Hemmingen mit diesem Vorpreschen nicht etwas zu voreilig?

Bürgermeister G. S.: Aber nein! Aus internen Quellen wissen wir, dass andere Gemeinden, z.B. Pattensen, schon etwas schneller waren. Wir waren diesmal eben erst die Zweiten, was ja insbesondere für die Innovationsfähigkeit unserer Stadt spricht. Gern wären wir die Avantgarde in diesem aufregenden Prozess gewesen.

LN: Eine letzte Frage. Wo ist das zweite M geblieben?

Bürgermeister G. S.: Als gelernter Buchstabensätzling ist mir natürlich sofort aufgefallen, dass das zweite M im Logo nicht auftaucht. Die internationale Wirbelagentur Klecksdesign hat uns aber versichert, dass das keiner merken würde. Und außerdem käme dies der englischen Schreibweise sehr viel näher, was wiederum die Internationalität dieses genialen Entwurfs betont.

LN: Herr Bürgermeister, wir danken für das Gespräch. Interview: Willy Wiesel

... Fortsetzung, das vierzehnte Stück:

Na? Logo! Designexperten schlagen Alarm - Epedemie greift rasant um sich: Jetzt auch Ronnenberg-Empelde!

Mit diesen Stapelbuchstaben wirbt demnächst auch Ronnenberg-Empelde für sich. In nur drei Sekunden griff die scheinbar durch nichts aufzuhaltende Epedemie auch auf Ortsbürgermeister und Ratsexperten über, die sofort begannen, am neuen Logo zu werkeln. Das Ergebnis sehen Sie hier. Es fehlt nichts ...

Landeshauptstadt Hannover und Region Hannover wollen beide vom kommenden Jahr an einheitlich auftreten und ihr überregionales Image verbessern – mit neuem Logo und Standortmarketing. Inzwischen breitet sich der Virus scheinbar unaufhaltsam aus.

Nach ersten Auskünften aus der Seuchenzentrale, die unter der Oberleitung von Psychologen und Medizinern verschiedenster Fakultäten zusammengestellt wurde und direkt dem Bundesgesundheitsminister unterstellt ist, finden zur Zeit die ersten Lagebesprechungen statt. Man befürchtet allgemein, dass der internationale Katatstrophenalarm ausgerufen werden muss. Die Leimensnachrichten wurden von drei internationall beknallten Designexperten über den aktuellen Stand der Dinge informiert.

Nachgekrakelt:

LN: An Logo und dem noch nicht ganz ausformuliertem Leitbild wurde drei Sekunden gearbeitet. Jetzt weiß man, dass Ronnenberg-Empelde auch zur Region Hannover gehört und von dieser designereierischen Seuche überfallen wurde. Ist das nicht erschreckend?

und hier immer noch

Designexperte Baldrian S. von der internationalen Designagentur Dummerstags Vergeygt: Wir haben etwas gehörig falsch gemacht. Es geht nun nicht mehr.

LN: Was denn?

Designexperte Stuppied S. von der internationalen Diesainagentur Stolpersteindesigners: Eine systematische Markenführung

hier auch

und Markenpolitik ist wichtig im Konkurrenzkampf der internationall beklopptesten Designagenturen. Dazu müssen wir überregional wahrgenommen werden. Selbst provinziellste Deseiners kennen das vom Hörensagen. Auch die Stadt Ronnenberg-Empelde will nun ein Standortmarketing aus einem Glas betreiben. Das ist nicht wirklich neu, sozusagen die Erfindung des Rades, die Fünfte oder zumindest Vierte.

LN: Warum dauert es so lange, bis die Gefahr dieser Epedemie erkannt wurde. Design gibt es doch schon seit Jahrhunderten?

Designexperte Langsarm C. von der internationall bekloppten Designagentur Namenlos, Namenlos & Narrenfrei: Noch vor zwanzig Jahren wäre es undenkbar gewesen, dass sich eine Designepedemie solchen Ausmaßes in dieser rasanten Geschwindigkeit ausbreitet. Dazu mussten die Computers erst zusammennetzen.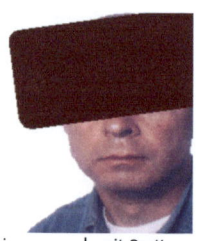
immer noch mit Brett

Was nun geschieht, ist der Auftakt für ein schreckliches neues Kapitel. Alle Gemeinden werden demnächst auf ihr altes Logo verzichten. Wir haben festgestellt, dass diese Legos nicht wirklich virusresistent waren. Deswegen stellen sich jetzt alle Designers in den Dienst des neuen gemeinsamen Vergebens und Vergeigens.

und hier auch

LN: Ist die Lawine noch aufzuhalten?

Designexperte Baldrian S. von der internationalen Designagentur Dummerstags Vergeygt: Aber nein! Aus internen Quellen wissen wir, dass andere,

58

ebenso internationall bekloppte Designagenturen zahlreiche Gemeinden infizieren und den Virus vor sich hertreiben. Wir waren diesmal eben nicht schnell genug, was ja insbesondere für die Infektionsfähigkeit vieler Städte spricht. Gern hätten wir wir die Avantgarde in dieser scheinbar hochinfektiösen Epedemie aufhalten wollen.

LN: Eine letzte Frage. Wo bleibt der Deinhard?

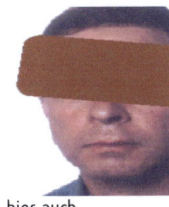

Designexperte Stuppied S. von der internationalen Diesainagentur Stolpersteindesign: Als gelernte Design- und Makkulaturexperten ist uns natürlich sofort aufgestoßen, dass der hochinfektiöse Designprozess mit reichlich Mumm bekämpft und ertränkt werden müsste. Jetzt ist leider Flasche leer.

hier auch

LN: Sehr geehrte Designexperten, wir danken für das Gespräch. Interview: Eva Elster

... letzte (wirklich!) Fortsetzung, das fünfzehnte Stück:

Na? Logo! Geheimnisvolles Virus enträtselt - Mediziner atmen auf. Epedemie könnte gebremmst werden!

Das sog. Stapelbuchstaben-Virus, welches sich bis vor noch wenigen Stunden in erschreckend rasanter Entwicklung schier unaufhaltsam auf die Gemeinden und Designexperten ausbreitete, scheint enträselt! Die Seuchennotzentrale, die unter der Oberleitung von Psychologen und Medizinern verschiedenster Fakultäten als erste Reaktion zusammengestellt wurde und direkt dem Bundesgesundheitsminister unterstellt ist, scheint erste hoffnungsvolle Ergebnisse vorweisen zu können. Das Ergebnis sehen Sie hier. Es fehlt nichts ...

SCHWEINEGRIPPE!

Landeshauptstadt Hannover und Region Hannover wollten beide vom kommenden Jahr an einheitlich auftreten und ihr überregionales Image verbessern – mit neuem Logo und Standortmarketing. Inzwischen breitete sich der Virus scheinbar unaufhaltsam aus. Besorgte Politiker wollten bereits die offensichtlich übereilte Entscheidung von Stadt und Region ernsthaft in Zweifel ziehen und strengste Gegenmaßnahmen einfordern.

Nach ersten Auskünften aus der Seuchenzentrale, die unter der Oberleitung von Psychologen und Medizinern verschiedenster Fakultäten zusammengestellt wurde und direkt dem Bundesgesundheitsminister unterstellt ist, sind dier ersten Ergebnisse erfolgversprechend. Man sei bereits dabei, den nunmehr völlig enträtselten Virus mit entsprechenden Impfstoffen versuchshalber zu bekämpfen. Man befürchtete allgemein, dass der internationale Katastrophenalarm ausgerufen werden müsse. Dies scheint nunmehr vorerst nicht erforderlich zu sein.

Sollten die ersten Impfreihen, für die sich bereits zahlreiche Gemeindeväter und Mütter sowie selbstverständlich auch die Avantgarde der internationall bekloppten Legosdesigners freiwillig zur Verfügung gestellt haben, erfolgreich sein, soll mit der flächendeckenden, auch länderübergreifenden Impfung alsbald begonnen werden. Die Pharmaindustrie sicherte bereits zu, den Impfstoff in den hierfür erforderlichen Mengen umgehend bereitstellen zu wollen und zu können. Die Leimensnachrichten wurden von drei internationall beknallten Designexperten, welche bereits mit dem neuentwickelten Impfstoff behandelt wurden, über den aktuellen Stand der Dinge informiert.

Nachgekrakeelt:

LN: Die Stapelbuchstaben-Epedemie scheint vorerst gestoppt. Jetzt weiß man, dass ein bedrohlicher Virus dahintersteckt, der bis vor kurzem in gefährlich hohem Tempo umliegende Gemeinden und Designers befallen hatte. Ist das jetzt erleichternd?

Designexperte Baldrian S. von der internationalen Designagentur Dummerstags Vergeygt: Wir hatten etwas gehörig falsch gemacht. Es ging nichts mehr.

LN: Was denn?

Designexperte Stuppied S. von der internationalen Diesainagentur Stolpersteindesigners: Eine systematische Markenführung und Markenpolitik ist wichtig im Konkurrenzkampf der internationall

Designexperte Baldrian S. von der internationalen Designagentur Dummerstags Vergeygt: Impfstoff her, Impfstoff her, immer mehr Impfstoff her!

beklopptesten Designarragenturen. Dazu müssen wir überregional wahrgenommen werden. Selbst provinziellste Dieseiners kennen das vom Hörensagen. Alle wollten nun ein Standortmarketing aus einem Glas betreiben. Das ist nicht wirklich neu, sozusagen die Erfindung des Rades, die Fünfte oder zumindest Vierte. Die Gefährlichkeit dieses Virus haben wir komplett übersehen.

LN: Warum dauert es so lange, bis die Gefahr dieser Epedemie erkannt wurde. Design gibt es doch schon seit Jahrhunderten?

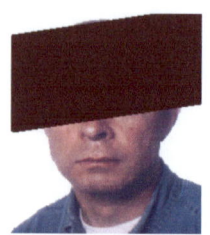

Designexperte Stuppied S. von der internationalen Diesainagentur Stolpersteindesigners: ... Rülps!

Designexperte Langsarm C. von der internationall beklopten Designagentur Namenlos, Namenlos & Narrenfrei: Noch vor zwanzig Jahren wäre es undenkbar gewesen, dass sich eine Designepedemie solchen Ausmaßes in dieser rasanten Geschwindigkeit ausbreitet. Dazu mussten die Computers erst zusammennetzen. Was jetzt geschah, war der Auftakt für ein schreckliches neues Kapitel. Alle Gemeinden werden demnächst geimpft, damit sie nicht auf ihr altes Lego verzichten. Wir haben festgestellt, dass diese Legos nicht wirklich virusesistent waren. Deswegen stellen sich jetzt alle ernsthaften (kicher) Designer in den Dienst des neuen gemeinsamen Vergebens und Vergeigens.

LN: Ist die Lawine noch aufzuhalten?

Designexperte Baldrian S. von der internationalen Designagentur Dummerstags Vergeygt: Aber nein! Aus internen Quellen wissen wir, dass andere, ebenso internationall beklopte Designagenturen zahlreiche Gemeinden infizieren und den Virus vor sich

Designexperte Langsarm C. von der internationall bekloppten Desig-nagentur Namenlos, Namenlos & Narren-frei: Es wirkt nicht mehr. Wir brauchen stärkeren Stoff!

hertreiben. Wir waren diesmal eben nicht schnell genug, was ja insbesondere für die Infektions-fähigkeit vieler Städte spricht. Gern hätten wir wir die Avantgarde in dieser scheinbar hochin-fektiösen Epedemie aufhalten wollen. Auch die hoffnungsvolle Entwicklung eines geeigneten Impfstoffes wird allerdings vermutlich für bereits befallene und auch für die bereits im Endstadium der Epedemie Befindlichen nicht mehr allzuviel auswirken können. Wir sind nach wie vor sehr besorgt - um unser Honorar.

LN: Eine letzte Frage. Wo bleibt der Deinhard?

Designexperte Stuppied S. von der internationalen Diesaina-gentur Stolpersteindesign: Als gelernte Design- und Makkulaturexperten ist uns natürlich sofort auf-gestoßen, dass der hochinfektiöse Designprozess mit reichlich Mumm bekämpft und ertränkt werden müsste. Jetzt ist leider Flasche leer. Es gibt Kollegen, die bereits infiziert waren und nun auf das neue Ge-genmittel umgestiegen sein sollen. Angeblich sind Ganzkörperbenetzungen mit dem neuen Impfstoff erforderlich; man badet jetzt also in Champagner – am sichersten soll die Marke Wöff Klickow wirken.

Mir ist schlecht, ich blick nicht mehr durch. Ich glaub' ich mach'n Bretterhandel auf ...

LN: Sehr geehrte Designexperten, wir danken für das Gespräch. Interview: Tina Taube

das sechzehnte Stück:

Die Kommunalwahl

Die Wahl ist gelaufen! Gewählte Volksvertreter/Innen geben erste Steetementes ab.

Live aus den Wahlstudios, von Tom B. Klopp. Bereits kurz vor/ nach Schließung der Wahllokale (Bier her, Bier her...) stand mehr als fest, dass auch für die baddenseranerer Parlamente einiges an Überraschung geboten wurde. Die Stimmauszählung war noch nicht völlig abgeschlossen, als bereits erste Hoch/Tiefrechnungen sensationelle Trends erwarten ließen. Die Wahlparties der zu dieser gigantischen Entscheidungsschlacht angetretenen Parteien waren bereits in vollem Gange (hol mir ma ne Flasche Bier...), als bereits zahlreiche nationalere Trendforschungsinstitute, wie z.B. Allerweltensbach und auch Wahlminustor Forstrat bereits erkennen ließen, dass Kandidaten gewählt waren, denen man im praktischen Leben aber auch garnichts zugetraut hätte. Noch völlig im Banne der äußerst hohen Wahlbeteiligung von über 134% waren doch einige der neu gewählten Abgeordneten erwartungsgemäß mehr als bereit, erste Statements (Stellungnahmen) zu ihrer zukünftigen parlamentarischen Arbeit (?) in die zahlreichen internationalen Mikrofone zu lallen:

Frau Betty Nachwahl / PSD: Phasellus accumsan cursus velit. Vestibulum ante ipsum primis in faucibus orci luctus et ultrices posuere cubilia Curae; Sed aliquam, nisi quis porttitor.

Herr Wulff Geheimwahl / DUC: Vestibulum ante ipsum primis in faucibus orci luctus et ultrices posuere cubilia Curae; In ac dui quis mi consectetuer lacinia. Nam pretium turpis et arcu. Duis arcu tortor, suscipit eget, imperdiet nec, imperdiet iaculis, ipsum.

Herr Jörg Direktwahl / Grüne Bohne 80: Etiam ultricies nisi vel augue. Curabitur ullamcorper ultricies nisi. Nam eget dui. Etiam rhoncus. Maecenas tempus, tellus eget condimentum rhoncus, sem quam semper libero, sit amet adipiscing sem neque sed ipsum. Nam quam nunc.

Frau Claudi Regionswahl / DPF: Fusce vulputate eleifend sapien. Vestibulum purus quam, scelerisque ut, mollis sed, nonummy id, metus. Nullam accumsan lorem in dui. Cras ultricies mi eu turpis hendrerit fringilla.

Herr Christiann Damenwahl / DUH: Lorem ipsum dolor sit amet, consectetuer adipiscing elit. Aenean commodo ligula eget dolor. Aenean massa. Cum sociis natoque penatibus et magnis dis parturient montes, nascetur ridiculus mus.

 Professer Gaudi Allgemeinwahl / fHB: Donec quam felis, ultricies nec, pellentesque eu, pretium quis, sem. Nulla consequat massa quis enim. Donec pede justo, fringilla vel, aliquet nec, vulputate eget, arcu. In enim justo, rhoncus ut, imperdiet a, venenatis vitae, justo.

 Frau Steffi Mehrheitswahl / Corsarenpartie: Etiam ultricies nisi vel augue. Curabitur ullamcorper ultricies nisi. Nam eget dui. Etiam rhoncus. Maecenas tempus, tellus eget condimentum rhoncus, sem quam semper libero, sit amet adipiscing sem neque sed ipsum.

Wir danken für die aufschlussreichen Stellungnahmen* und wünschen natürlich allen nunmehr gewählten Abgeordneten/Innen fröhliche Hinterzimmerei und nie endende Logorrhoe am Rednerpult.

*) Die Quantitative Linguistik stellt Politikern zahlreiche Möglichkeiten zur Verfügung, auch im Bereich von verifizierbaren Wahlkampfaussagen unter bestimmten Bedingungen politischen Unfug zu verbreiten. Voraussetzung dafür ist, dass sprachliche Veränderungen über einen längeren Zeitraum quantitativ verquast sind; so sind die Entlehnungen von Wörtern aus anderen Sprachen ins Deutsche (Lehn- und Fremdwörter) umfangreich davon befallen. Da bekannt ist, dass diese Prozesse in der Regel gemäß entlang dem Gelaber von Politikern verlaufen, kann man für die meisten dieser Entwicklungen zumindest für die fernere Zukunft politische Aussagen wagen, ohne allzu große Risiken einer politischen Rechenschaftspflicht einzugehen.

das siebzehnte Stück:

Ein Blitzer
(nach der Melodie: Ein Männlein steht im Walde ...)

Ein Blitzer steht in Arnum
ganz dumm herum.
Er hat zu seiner Tarnung
was Grünes um.
Sag, wo mag der Blitzer steh'n?
Ja ich hab' ihn wohl geseh'n:
Er hat mich freundlich angeblitzt
bei hundertzehn!

Jetzt, wo die sogenannten Blitzer wie Pilze aus dem Boden schießen, sehen wir vermutlich rosigen Zeiten entgegen: Endlich ist Schluss mit überschuldeten Gemeindehaushalten, vermutlich werden demnächst die Steuern in der Gemeinde gesenkt und die B3-Umgehung kann dann aus der "Portokasse" der Gemeinde finanziert werden. Man mag sich garnicht ausmalen, welche wei-  teren Segnungen noch auf uns herniederregnen werden, wenn dieses revolutionär neue Gemeindefinanzierungsmodell erst einmal flächendeckend eingeführt ist.

Also an dieser Stelle schon mal herzlichen Glückwunsch an den Stadtkämmerer; und wenn er noch jemanden braucht zum Geldumschaufeln, ich wüsste da wen ...

Aber auch der ganz normale Bürger hat etwas davon, zumindest der, der in der Nähe dieser segensreichen Einrichtungen wohnt: Vermutlich kann er seine Stromrechnung gegen den Null-Bereich senken, denn er braucht ja keine Lampe mehr in der guten Stube, wenn es, wie die Erfinder dieser Anlagen vermutlich erwarten, ständig blitzt.

Also endlich mal eine echte Win-Win-Situation, wie es so schön heisst.

das letzte (versprochen!) Stück, aber wer weiß schon, was noch alles passieren kann?

Wildunfall? ubiquitär!

Allenthalben findet der aufmerksame Autofahrer neuerdings an allen möglichen und unmöglichen Stellen am Rande der Land- Bundes- oder auch Kreisstraßen das markante Warnzeichen „Wildunfall". Selbst an Stellen, von denen man sicher weiß, dass dort niemals sog. Wildunfälle zu verzeichnen waren. Was soll das bedeuten?

Ist es jetzt jeder Heimatgruppe erlaubt, an irgendwelchen Stellen an Straßen bedeutungsschwere Warnschilder aufzustellen? Erste Anzeichen sprechen dafür, dass sich andere Interessengruppen dieser neuen Marketingidee anzuschließen gedenken.

Erst kürzlich ist es dem Autor dieser bedeutungsvollen Nachricht gelungen, einem ersten Beweis der Nachfolgesystematik auf die Spur zu kommen. Fahrradunfälle geschehen offensichtlich häufiger als Wildunfälle, demzufolge sollte, der  eigentlichen Logik zufolge, an mindestens jedem 100 Meter folgenden Standort ein entsprechender Warnhinweis aufgestellt werden. Die Fahrradunfallversicherer werden es ihnen danken!

Verkehrsunfälle ansich sind ohnehin häufig schwer genug schon in ihren Folgen. Was könnte da getan werden, um den geneigten Verkehrsteilnehmer noch mehr auf die Folgen seines misslichen Tuns hinzuweisen?

Wir schlagen vor, ganz allgemein auf die permanent bestehende Gefahr von Verkehrsunfällen hinzuweisen. Dazu findet der geneigte Leser ein Beispiel (s. folgende Seite), wie es gehen könnte. Allerdings müssten die Demonstrationsobjekte entsprechend gesichert werden gegen Diebstahl und missbräuchlichen Gebrauch. Panzerketten sind schon in Vorschlag gebracht worden; die Mehrheit der interessierten Beteiligten plädiert allerdings eher für die Verschwiegenheit der Standorte der durchaus markanten

Warnobjekte. Videoüberwachung ist immerhin angedacht worden!

Wer also solcherart einen Verkehrsunfall verursacht, sollte immerhin bedenken, dass sein frevelhaftes Tun ggf. videomäßig dokumentiert sein könnte. Ganz nach dem Motto: „Kann Verkehr denn Sünde sein?"

Eine kurze Bemerkung zu diesem Stück. Es handelt sich um einen Artikel von mehreren, die bereits in anderen Medien veröffentlich waren und das als einziges heftige Proteste hervorgerufen hat. Nicht etwa, weil das letzte Fotomotiv anstößig wäre, sondern weil die Intiatoren der sog. „Wildunfall-Stelzen" sich gründlich mißverstanden fühlten in ihren doch so redlichen Absichten.

Dazu sei Folgendes gesagt: Weder bin ich Feind der sog. Grünen Zunft, noch möchte ich jemals auf der Landstraße mit einer Wildsau Bekanntschaft machen, die mir unversehens vor das Auto springt. Dass jedoch die o.g. Stelzen einen gewissen humoristischen Reiz haben – zumindest für den Autor – wird nicht bestritten. Deshalb also, und nur deshalb ...

... nicht erforderlich aber gern gegeben:

ein Nachwort

Alle Stücke, die der Autor hier geschildert hat, stammen aus eigenem Erleben und eigenem Erlesen. Sie erinnern an die wahrhaft wahren Worte eines bayerischen Satirikers, der konstatiert hat "wir leben im Plem-Plem-Land."

Da ist etwas Wahres dran! Wer aufmerksam durch die Welt geht und seine Zeitung liest und dann insgesamt nicht irre wird, verfügt ganz offensichtlich über einen gesunden Humor und robuste Widerstandkraft gegen den Blödsinn und Unfug, der sich dem unbefangenen Zeitgenossen täglich entgegen stellt.

Nachdem Sie also die letzten Zeilen dieses schmalen Bändchens hinter sich gebracht haben werden, will Sie der Autor gern in die raue Wirklichkeit entlassen. Aber, zu guter Letzt, seien Sie davor gewarnt: Lassen Sie sich nicht irre machen. Benutzen Sie ihren Verstand und beobachten Sie mit Gelassenheit den Wahnsinn, wenn er Ihnen begegnet – und das geschieht täglich.

Sie werden es erleben! Alles Gute ...

... und ein Nachnachwort: Trotz heftigsten Redigierens und Korrigierens und Verbesserns (was ja eigentlich garnicht möglich ist), sind Fehler der Rechtschreibung und Grammatik leider unvermeidlich, wenn auch nicht gewollt. Wer also einen Fehler findet, darf ihn gern behalten.